D1602242

Descubre la selva tropical

por Lisa Trumbauer

Consultant: Steve Dodd, Director,
Park Ranger Training Program, Northern Arizona University

Libros
sombrilla
amarilla®
para lectores principiantes

Libros sombrilla amarilla are published by Red Brick Learning
7825 Telegraph Road, Bloomington, Minnesota 55438
http://www.redbricklearning.com

Editorial Director: Mary Lindeen
Senior Editor: Hollie J. Endres
Senior Designer: Gene Bentdahl
Photo Researcher: Signature Design
Developer: Raindrop Publishing
Consultant: Steve Dodd, Director, Park Ranger Training Program, Northern Arizona University
Conversion Assistants: Katy Kudela, Mary Bode

Library of Congress Cataloging-in-Publication Data
Trumbauer, Lisa, 1963-
   Descubre la selva tropical / by Lisa Trumbauer
      p. cm.
   ISBN 13: 978-0-7368-7326-0 (hardcover)
   ISBN 10: 0-7368-7326-0 (hardcover)
   ISBN 13: 978-0-7368-7412-0 (softcover pbk.)
   ISBN 10: 0-7368-7412-7 (softcover pbk.)
   1. Rain forest ecology—Juvenile literature. 2. Rain forests—Juvenile literature. I. Title. II. Series.
   QH541.5.R27T79 2005
   578.734—dc22

                              2005016137

Adapted Translation: Gloria Ramos
Spanish Language Consultant: Anita Constantino

Photo Credits:
Cover: Comstock Photos; Title Page: Chase Swift/Corbis; Page 2: Wolfgang Kaehler/Corbis; Page
3: Brand X Pictures; Page 4: Corel; Page 5: Corbis; Page 6: Natphotos/Digital Vision Photos;
Page 7: (left) Marion Brenner/Botanica (right) Paul Harris/Stone; Page 8: Corel; Page 9: (left and
right) Jupiter Images; Page 10: Inga Spence/Index Stock Imagery; Page 11: Theo Allofs/Corbis;
Page 12: D. Holdsworth/Robert Harding World Imagery; Page 13: Owen Franken/Corbis; Page
14: Miguel Alvarez/Reuters Photo Archive; Page 15: John Banagan/Lonely Planet Images

1 2 3 4 5 6 11 10 09 08 07 06

Contenido

¿Qué es una selva tropical?

Una **selva tropical** es un lugar que recibe lluvia constantemente. Se encuentran cerca del **Ecuador**.

La selva tropical más grande del mundo se encuentra en América del Sur. La penetra el **Río Amazonas**. ¡Vamos a descubrir la selva del Amazonas!

Las plantas de la selva tropical

Una selva tropical está llena de plantas. El **clima** cálido y húmedo es perfecto para que las plantas crezcan.

El suelo de la selva tropical es obscuro y misterioso. Es difícil que la luz del Sol alcance el suelo. Las plantas que viven aquí no necesitan mucha luz para sobrevivir.

Algunos árboles de la selva tropical no
son muy altos. Otros árboles son enormes.
Llegan a medir más de 100 pies (30.5
metros) de altura y son los árboles más
altos de la selva tropical.

Hay especies diferentes de **orquídeas** que crecen en las ramas de los árboles. Enredaderas, llamadas **lianas** también, crecen trepando los troncos de los árboles. Crecen subiendo hacia el Sol.

orquídeas

lianas

Los animales de la selva tropical

Los animales viven en diferentes partes de la selva tropical. El *carpincho* vive en el suelo de la selva tropical. Las hormigas, las ranas y los jaguares también viven aquí.

Es posible que puedas ver *guacamayos rojos* en la capa media de la selva tropical. También puedes ver una *boa esmeralda* que se enreda alrededor de la rama de un árbol.

guacamayos rojos

boa esmeralda

Muchos animales de la selva tropical son expertos trepando árboles. Los *perezosos* se mueven lentamente entre las ramas. Pasan casi todo su tiempo en los árboles comiendo hojas.

Los *monos aulladores* agarran las ramas con sus manos, sus patas y sus colas. Aullan con fuerza desde lo alto de los árboles.

La gente de la selva tropical

Por miles de años, la gente también ha vivido en la selva del Amazonas. Usan los árboles de la selva para construir sus casas.

Hace aproximadamente 500 años los exploradores europeos llegaron a la selva tropical. La vida en la selva tropical empezó a cambiar después que ellos llegaron.

Hay personas que piensan que la
selva tropical está en peligro porque
se cortan muchos árboles cada año. La
madera se usa para construir y hacer
diferentes cosas, como muebles.

La selva tropical es un **ecosistema** asombroso y diverso. Con tantas plantas y animales, la selva tropical tiene muchos misterios para descubrir.

Glosario

clima   el tiempo que hace en un lugar

ecosistema   todas las plantas y los animales que existen en un lugar

Ecuador   la línea imaginaria que se encuentra alrededor del medio de la Tierra

liana   un tipo de planta enredadera

orquídea   un tipo de flor

selva tropical una selva donde llueve todo el año

Río Amazonas río en América del Sur; uno de los ríos más grandes del mundo

Índice

Word Count: 390
Guided Reading Level: K